RÉPUBLIQUE FRANÇAISE

COMMUNE DE CONSTANTINE

SITUATION FINANCIÈRE

BILAN DE LA GESTION CASANOVA
BILAN DE LA GESTION MERCIER

RAPPORT
DE M. RENAUDIN

INSPECTEUR DES FINANCES

DOCUMENTS DIVERS

CONSTANTINE
IMPRIMERIE TYPOGRAPHIQUE ET LITHOGRAPHIQUE L. POULET
6, Rue de France, 6

1898

RÉPUBLIQUE FRANÇAISE

COMMUNE DE CONSTANTINE

SITUATION FINANCIÈRE

BILAN DE LA GESTION CASANOVA

BILAN DE LA GESTION MERCIER

RAPPORT

DE M. RENAUDIN

INSPECTEUR DES FINANCES

DOCUMENTS DIVERS

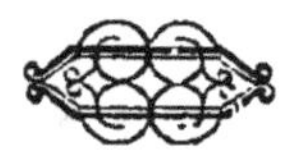

CONSTANTINE
IMPRIMERIE TYPOGRAPHIQUE ET LITHOGRAPHIQUE L. POULET
6, Rue de France, 6

1898

ALGÉRIE

Département de Constantine

VILLE DE CONSTANTINE

MAIRIE

CONSEIL MUNICIPAL

Séance du 2 Juin 1898

OBJET :

Situation Financière de la Commune de Constantine.

EXTRAIT

DU

REGISTRE DES DÉLIBÉRATIONS

du Conseil municipal de la Ville de Constantine

pour l'année 1898

L'an mil huit cent quatre-vingt-dix-huit et le 2 Juin à cinq heures du soir, le Conseil municipal de la ville de Constantine est réuni dans la salle habituelle de ses délibérations, sous la présidence de M. Mercier, maire.

. . . .

. . . .

M. le Maire ouvre la séance.

M. le Maire expose que le rapport de M. l'Inspecteur des Finances Renaudin qui a vérifié la gestion de M. Casanova depuis 1891 et la sienne jusqu'au 20 février 1898, lui est enfin parvenu. Ce rapport est accompagné de la lettre suivante de M. le Gouverneur Général.

GOUVERNEMENT GÉNÉRAL DE L'ALGÉRIE

2ᵉ Bureau. - 2ᵉ Section

Nᵉ 1611

VILLE DE CONSTANTINE

GESTION FINANCIÈRE

Envoi du rapport de
l'Inspecteur des Fi-
nances.

Alger, le 18 Mai 1898.

Le Gouverneur Général de l'Algérie

à Monsieur le Préfet,

CONSTANTINE.

« Suivant le désir exprimé dans votre télégramme du 11, et comme suite à ma dépêche du 4 courant, n° 1,467, j'ai l'honneur de vous transmettre ci-joint avec diverses pièces à l'appui le rapport de M. l'Inspecteur des Finances, Renaudin, sur la vérification de la gestion financière de la ville de Constantine.

« Ces divers documents contiennent pour la Municipalité, aussi bien que pour l'Administration, des indications utiles au sujet de la marche des services financiers de la ville de Constantine, et des mesures à prendre en vue de rétablir l'équilibre de ses finances.

« M. Renaudin a pris pour point de départ les résultats dûment contrôlés de l'exercice 1890, et a établi la situation financière à la fin de chacun des exercices 1891 à 1896 (au 31 mars), celle de l'exercice 1897, arrêtée au 20 février 1898, laisse place à un certain aléa, les chiffres qui y figurent étant susceptibles d'être modifiés par les opérations qui ont pu être effectuées jusqu'à la fin de mars. Ce rapport résume ainsi la situation :

« A la fin de l'exercice 1891, la Commune disposait d'un excédent de recettes de 205,000 francs qui, à la clôture de l'exercice 1895, se transformait en un excédent de dépenses de 340,000 francs, se décomposant de la manière suivante :

Découvert de l'exercice 1895 . . . .   130.564 83
auquel il faut ajouter :

1° Les dépenses engagées et restant à payer
sur les frais du Concours agricole 47.609 26

2° Pour frais d'hospitalisation afférents aux
exercices 1889 à 1895 . . . .   56.536 90

Dépenses restant à solder pour le collège
de filles. 121.194 77

Soit un total de . . . .   355˙905 76
duquel il y a lieu de déduire une somme de . .   15.473 »
due par l'Etat pour annuité d'emprunt et
payée seulement en 1897.

Le déficit réel de 340.432 76
est dû à des augmentations de dépenses normales et des
mécomptes importants sur certaines recettes, en particulier
l'octroi de mer et le produit du marché aux grains.

« L'Inspecteur des Finances fait remarquer dans son rapport
qu'on ne saurait imputer la responsabilité de ces moins-values
à l'ancienne municipalité, mais qu'on peut néanmoins lui reprocher l'exagération de quelques prévisions de recettes, grâce à
laquelle elle pouvait présenter un budget paraissant en équilibre, alors qu'il conduisait à des déceptions certaines en fin d'exercice : de 1892 à 1896 les évaluations des recettes ont été,
pour le marché aux grains par exemple, supérieures de 50,000
francs, en moyenne, aux réalisations.

« Parmi les autres constatations relevées dans le rapport de
vérification, une, surtout, mérite de retenir l'attention de l'Administration, c'est celle relative aux prélèvements opérés, depuis
1894 jusqu'à maintenant, sur les fonds d'emprunt ayant une
affectation spéciale. L'auteur du rapport critique, avec raison, la
condescendance excessive de la Préfecture à l'égard de procédés
absolument contraires aux principes de la tutelle administrative.

M. le Ministre de l'Intérieur, à qui ce rapport a été communiqué par son collègue des Finances, vient de m'inviter à vous recommander d'exercer un contrôle vigilant sur les budgets communaux, afin de prévenir le retour d'errements dont l'irrégularité est manifeste.

« Je ne puis, à ce sujet, que vous prier de vous reporter aux prescriptions contenues dans les dépêches du 20 Janvier, 17 mars et 17 septembre 1896, n°s 288, 1,266 et 4,074, par lesquelles mon prédécesseur rappelait le principe de la spécialité des crédits formellement consacré par l'art. 503 du décret du 3 mai 1862 sur la comptabilité publique, et par les art. 982 et 1,084 de l'instruction générale des finances du 20 juin 1859.

« En ce qui concerne le déficit et les moyens à employer pour le faire disparaitre, M. le Ministre de l'Intérieur s'exprime ainsi :

Les efforts très louables faits par la municipalité actuelle en vue de rétablir l'ordre et l'équilibre financier, rendront d'ailleurs facile, je me plais à l'espérer, la tâche de l'autorité supérieure. En persévérant dans la voie des économies, et en consacrant annuellement une somme à l'amortissement de la dette, la municipalité peut parvenir, dans trois ou quatre années, à rétablir la situation satisfaisante de jadis, sans qu'il soit nécessaire de recourir à la voie des emprunts ou des impôts nouveaux.

J'ajoute que je serais en ce qui me concerne, tout disposé à intervenir en faveur de la commune auprès de mon collègue de l'Instruction publique, en vue d'obtenir que l'Etat consente à prendre part dans l'excédent des dépenses de 121.194 fr. 77 auquel a donné lieu la construction du Collège de jeunes filles, si une demande était formée à cet effet par l'assemblée municipale.

« Ce dernier paragraphe de la lettre du Ministre confirme absolument les indications que j'ai déjà eu l'honneur de vous donner dans ma dépêche du 4 mai courant, concernant la participation de l'Etat dans l'excédent des dépenses résultant de la construction du Collège de jeunes filles.

« Je vous prie de vouloir bien faire remettre les documents ci-joints à M. le Maire de la ville de Constantine, qui devra en donner connaissance à son Conseil municipal. Vous aurez à y joindre telles instructions que vous jugerez utiles en vue du réglement du déficit actuel de la commune et du rétablissement de l'équilibre des finances municipales.

« *Le Gouverneur Général*,

Signé : LÉPINE. »

2ᵉ BUREAU

N° 5,120

« Pour copie conforme et notification, pour exécution, à M. le Maire de Constantine, qui est prié de vouloir bien se pénétrer des indications données par M. le Ministre de l'Intérieur en vue de rétablir d'une manière satisfaisante la situation financière de la commune de Constantine.

« Ci-joint, avec 20 pièces, une copie du rapport de M. l'Inspecteur des finances, sur la gestion financière de la ville de Constantine.

« Constantine, le 24 Mai 1898.

Le Préfet,

Signé : DUFOIX. »

M. le Maire donne ensuite lecture du rapport de M. l'Inspecteur des Finances qui est ainsi conçu :

RAPPORT

d'enquête fait par M. Renaudin, Inspecteur des Finances, sur la situation financière de la ville de Constantine à l'époque du 16 février 1898, et explications fournies par cet agent sur les résultats de sa vérification.

M. Mercier, maire actuel de la ville de Constantine, ayant, le 4 août 1897, pour sortir des embarras financiers dus aux déficits qui s'étaient produits pendant les exercices précédents, proposé au Conseil municipal : 1° de contracter un nouvel emprunt de 170,000 fr. ; 2° de prélever une somme de 535,092 francs sur les fonds disponibles d'un précédent emprunt de 5,500,000 fr. datant de 1894, M. Casanova, qui avait occupé la mairie jusqu'en mai 1896, s'est ému des chiffres présentés dans le rapport de son successeur et, protestant contre des erreurs qu'il a cru de son devoir et de sa dignité de relever, a demandé que sa gestion financière fût soumise à l'examen de l'Inspection générale des Finances.

M. le Gouverneur Général de l'Algérie a, dans une lettre du 22 septembre 1897, indiqué que cette vérification devrait s'étendre à une période d'au moins cinq ans, de façon à comprendre la gestion de M. Casanova de mai 1892 à mai 1896 et celle de M. Mercier de mai 1896 à ce jour.

Pour obtenir des situations aussi exactes que possible, il était nécessaire de s'arrêter, non à une date arbitrairement choisie, mais à celle du 31 mars, qui marque la clôture des exercices.

Prenant comme point de départ les résultats dûment contrôlés de l'exercice 1890, j'ai établi la situation financière de la ville à la fin de chacun de ceux qui l'ont suivi de 1891 à 1896. Pour l'exercice 1897, non clos encore, j'ai dû arrêter cette situation à la date du 20 février 1898 ; il y a donc ici une part d'aléa, certains des chiffres qui y figurent ne représentant que des évaluations ou prévisions susceptibles d'être, dans une certaine mesure, démentis par les faits. En dressant ces situations financières, je me suis préoccupé, avant tout, de ne faire entrer en ligne de compte que les recettes et les dépenses normales de la ville de Constantine, écartant tout ce qui, à un titre quelconque, constitue ce qu'on appelle les fonds spéciaux (recettes et dépenses de la vicinalité, réalisation et emplois d'emprunts, etc.). Les résultats des différents exercices sont ainsi comparables et il est possible de suivre sur l'état n° 1, joint au rapport, la marche des finances communales depuis 1891 jusqu'à ce jour.

L'exercice 1890 laissait un excédent de recettes de 24,481 francs 01 (fonds spéciaux mis à part), excédent qui, à la fin de l'exercice 1891, favorisé par une plus-value importante sur l'octroi de mer et par l'encaissement de certaines recettes exceptionnelles [1] ou arriérées, s'élevait jusqu'à 205,135 fr. 79.

A partir de ce moment, la situation de la ville devient moins bonne : l'excédent de recettes tombe à 138,168 fr. 92 à la fin de l'année 1892 ; à 50,551 fr. 29 à la fin de l'exercice 1893 ; il est, à la fin de 1894, remplacé par un excédent de dépenses de 119,711 fr. 26, lequel atteint 130,564 fr. 83 à la clôture de l'exercice 1895, pour revenir à 121,528 fr. 31 à la clôture de l'exercice 1896 ; enfin, l'exercice 1897 se soldera également, autant qu'on peut le prévoir à l'époque actuelle, par une dette de 145,640 fr. 69.

D'après ce qui vient d'être exposé, il semblerait que la situation laissée par la municipalité Casanova à celle qui lui a

---

[1] Notamment une somme de 73,055 fr. 71, à titre de subvention de l'État pour les dépenses des Écoles primaires supérieures en 1880.

succédé se traduisit par un découvert de 130,564 fr. 83, résultat définitif de l'exercice 1895, clos le 31 mars 1896.

Il n'en est pas ainsi. Certaines dépenses, en effet, engagées en 1895 ou dans les années antérieures, ont dû être frappées au titre des exercices 1896 et suivants et forment, en réalité, une dette léguée par l'ancienne municipalité à la nouvelle. Les plus importantes et les seules qui méritent de retenir l'attention sont les suivantes :

A. — Les dépenses du Concours agricole, qui a eu lieu en juin 1896, mais qui avait été organisé et dont le budget spécial avait été préparé dès 1895, soit 93,781 fr. 26. De ce chiffre, il y a lieu de déduire les recettes du même Concours, 46,172 fr. ; l'excédent seul, 47,609 fr. 26, représente le montant de la dette dont la municipalité actuelle s'est trouvée chargée, toutes les opérations de recettes et de dépenses ayant été effectuées en 1896 et 1897.

B. — Certains frais d'hospitalisation afférents aux exercices 1889 à 1895 et payés sur les fonds des exercices 1896 et 1897 pour une somme totale de 56,536 fr. 90.

C. — Enfin, les dépenses faites ou à faire pour la construction du Collège de jeunes filles, en excédent des prévisions. Une somme de 795,000 fr. avait été affectée tant aux expropriations qu'à la construction du Collège et à l'achat du matériel ; elle était fournie pour moitié par l'État, pour un quart par le Département et pour un quart par la Ville ; la part du Département, soit 198,750 fr., a été encaissée, ainsi qu'une somme de 130,000 fr. [1], versée en numéraire par l'État, et un emprunt de 466,250 fr. a été contracté au commencement de 1894 auprès de la Caisse des retraites pour la vieillesse, remboursable au moyen d'annuités supportées par la Ville pour une somme correspondant à sa part contributive dans la dépense, soit 198,750 fr., et par l'État pour le surplus. Or, les

---

[1] Sur cette somme, un complément de 16,000 fr. reste à encaisser.

dépenses s'élèveront, d'après le décompte général des travaux, d'après les factures du mobilier et après règlement de toutes les expropriations, à 916,194 fr. 77. (Voir l'état n° 2). Il y aura donc un déficit de 121,194 fr. 77, déficit laissé à la municipalité actuelle par celle qui l'a précédée [1].

Ces trois dettes doivent être ajoutées à l'excédent de dépenses qui apparaît à la clôture de l'exercice 1895, pour constituer le découvert laissé par l'ancienne municipalité ; mais il convient, par contre, d'en déduire une créance de 15,473 fr. afférente aux exercices 1894 et 1895 qui n'a été encaissée qu'en 1897 (somme due par l'État pour le remboursement d'annuités de l'emprunt de 466,250 fr.). Défalcation faite de cette somme, c'est, en définitive, au chiffre de 340,432 fr. 76 (130,564 fr. 83 + 47,609 fr. 26 + 56,536 fr. 90 + 121,194 fr. 77 — 15,473 fr.) que peut être fixé le découvert auquel la municipalité Mercier était obligée de faire face. (Il a été fait abstraction de l'exercice 1896, dont le budget primitif avait, il est vrai, été préparé par M. Casanova, mais a été exécuté, depuis le mois de mai, par M. Mercier, qui a eu lui-même à présenter le budget supplémentaire).

Quelles ont été les causes du déficit ? Par quels moyens y a-t-on paré momentanément ? Quelles sont les mesures à prendre pour le combler ? Telles sont les questions qui restent à examiner.

Sur le premier point, l'examen des situations présentées dans l'état n° 1 est de nature à fournir quelques indications, puisque ces situations présentent les recettes et les dépenses normales de la ville et qu'on peut suivre les fluctuations d'une année à l'autre. Si donc l'on envisage les dépenses, on constate qu'elles ont atteint 1,155,000 fr. en chiffres ronds, restes à payer compris, au cours de l'exercice 1891 ; en 1892, elles se sont élevées à 1,163,000 fr. ; en 1893, à 1,240,000 fr ; en 1894, 1,272,000 fr.

---

(1) De ce chiffre, la part de l'État et celle du Département devront être déduites, s'ils acceptent de prendre à leur charge une partie du dépassement.

L'augmentation importante qui ressort, au compte des exercices 1893 et 1894, est due en partie à la constatation au nombre des restes ou à l'acquittement de frais d'hospitalisation arriérés ; c'est ce qui explique que les dépenses normales de l'exercice 1895, auquel pareille charge n'a pas incombé, retombent au chiffre de 1,204,000 fr. ; mais tous les frais d'hospitalisation en retard n'étaient cependant pas liquidés ou réglés au 31 mars 1896, et il a été dit plus haut que l'ancienne municipalité avait laissé, de ce chef, à la nouvelle, plus de 56,000 francs à payer en 1896 et 1897 au titre des exercices 1895 et antérieurs. Quel que soit le trouble qu'ait pu apporter dans les comptes la liquidation tardive des frais d'hospitalisation, il n'en reste pas moins établi que de 1891 à 1895, les dépenses normales ont augmenté dans une notable proportion, et c'est là la première cause du déficit. La diminution de certaines recettes venait en même temps aggraver la situation ; le produit de l'octroi de mer a successivement baissé de 273,000 francs en 1891 (chiffre un peu exceptionnel), à 208,000 fr. en 1892, 199,000 fr. en 1893, 180,000 fr. en 1894 ; il s'est, il est vrai, relevé à 256,000 fr. en 1895, et ce dernier exercice a pu, par suite, se régler par un excédent de dépenses bien moins élevé que ceux des années précédentes.

Le marché aux grains a également donné de gros mécomptes : de 171,000 fr. en 1891, le produit en est tombé à 50,000 fr. en 1895 ; d'autres recettes ont également faibli, mais dans des proportions bien moins sensibles.

Les moins-values dont il vient d'être parlé ne peuvent être imputées à l'ancienne municipalité ; l'attribution sur les produits de l'octroi de mer a été faite en dehors de toute intervention de sa part, et si d'un côté, par suite d'un défaut de contrôle signalé en 1895 par l'Inspection générale des Finances, la totalité des droits dus à la halle aux grains n'a peut-être pas été perçue, la cause première de la diminution de ces droits n'est autre que la constitution, sur divers points du département, de marchés qui ont fait à celui de Constantine une concurrence redoutable.

On doit cependant lui reprocher l'exagération de quelques prévisions de recettes, grâce à laquelle elle pouvait présenter un budget paraissant en équilibre, mais qui conduisait à des déceptions certaines en fin d'exercice ; c'est ainsi que de 1892 à 1896, les évaluations de recettes sur le marché aux grains ont été supérieures de 50,000 francs en moyenne aux réalisa·tions.

En résumé, augmentation croissante des dépenses, mé·comptes sur certaines recettes, déficit du Concours agricole, retards apportés au règlement des frais d'hospitalisation, dépassement des prévisions sur les expropriations faites en vue de construire le Collège de jeunes filles, telles sont les principales causes du découvert.

C'est au cours de l'année 1894 que ce découvert est né, les excédents de dépenses des exercices 1892 et 1893 se trouvant compensés et au-delà par l'excédent de recettes de 1891. L'ancienne municipalité n'a pas laissé s'accumuler les dettes de la Commune ; elle n'a pas davantage cherché à combler le déficit par l'augmentation des recettes ou la réduction des dépenses ; c'est sur les fonds spéciaux disponibles qu'elle a pris les sommes nécessaires pour assurer la marche de ses services ; la municipalité nouvelle a continué les mêmes errements. Ces prélèvements, dont l'irrégularité n'est pas à démontrer, ont com·mencé en 1894 et se sont continués sans interruption jusqu'à ce jour, tantôt plus, tantôt moins élevés, selon que les dépenses communales étaient plus importantes ou les recouvrements plus nombreux ; ils ont porté principalement sur l'emprunt de 5,500,000 fr. contracté en 1894 et réalisé dès le début de 1895. Il n'est pas possible de les suivre au jour le jour, puisqu'ils varient de la veille au lendemain, mais on peut en voir à peu près la marche sur l'état n° 3, annexé au rapport, état qui donne la situation de ces prélèvements au 31 décembre et au 31 mars de chaque année, depuis le 31 mars 1894 jusqu'à ce jour ; il est à remarquer que les prélèvements sont plus impor·tants à la date du 31 mars qu'à celle du 31 décembre, parce que les recettes communales rentrent surtout dans les derniers mois de l'année.

C'est d'après le do····· ·u·· ·ʼ·'a été remis à la Direction des Contributions diverses, en ju··iec 1896, que l'irrégularité a été relevée pour la première fois et signalée à la Préfecture. Celle-ci demanda des explications sur les prélèvements faits sans autorisation, mais les ratifia, néanmoins, et en permit de nouveaux pour assurer le paiement des dépenses, à titre tout à fait exceptionnel et à la condition que les fonds prélevés fussent rendus à leur destination primitive, au plus tard le 31 décembre 1896. Ce qui n'était accordé qu'à titre exceptionnel était, en réalité, la règle depuis 1894 et devait continuer à l'être jusqu'à ce jour. En octobre 1896, en juin, en septembre, en octobre 1897, de nouveaux prélèvements sont demandés et obtenus, les délais de remboursement sont prorogés, et, bien que le Gouvernement Général, consulté, rappelle à deux reprises les vrais principes qui régissent la matière, la Préfecture encourage, plutôt qu'elle ne combat, le système des prélèvements, que le nouveau maire, M. Mercier, considérait, d'ailleurs, comme tout à fait régulier, lorsqu'en juillet 1896, il prétendait pouvoir disposer, sans autorisation, de toutes les ressources communales, quelle qu'en fût la provenance ou la destination, et demandait à M. le Préfet de provoquer une décision de principe à cet égard ; M. Mercier est, d'ailleurs, revenu aujourd'hui à une appréciation plus exacte de ses droits.

Le système des prélèvements sur les fonds spéciaux a pu être un expédient temporaire ; ce n'est pas une solution, et il importe que la ville de Constantine régularise aujourd'hui sa situation. Cette situation a déjà été améliorée par la nouvelle municipalité.

Comme il a été dit, le découvert qu'elle trouvait à son entrée en fonctions s'élevait à 340,432 fr. 76 ; l'exercice 1897 se soldera approximativement par un excédent de dépenses de 145,640 fr. 69 ; à ce chiffre, dans la composition duquel n'entrent pas les opérations de fonds spéciaux, il faut ajouter le déficit occasionné par la construction du Collège de filles, soit 121,194 fr. 77, déficit auquel il a été provisoirement pourvu en partie à l'aide de prélèvements sur l'emprunt de 5,500,000 francs [1] ; c'est donc à la somme de 266,835 fr. 46 que se monte encore le découvert actuel ; celui qu'avait laissé l'ancienne municipalité a, par suite, été réduit de 74,000 fr. environ en deux ans. Ce résultat est dû à une évaluation plus stricte de certaines recettes et à la réduction des dépenses. Il est juste de reconnaître, à ce sujet, que la nouvelle municipalité a vu une source de dépenses se réduire d'elle-même : celle des loyers de maisons d'écoles et indemnités de résidence et de logement aux instituteurs ; ces loyers et indemnités, qui figuraient au budget de 1894 pour 83,000 francs, ne ressortent plus qu'à 45,000 fr. au budget de 1898, grâce à la construction d'écoles et groupes scolaires, sur les fonds de l'emprunt de 5,500,000 francs, contracté par la municipalité Casanova [2].

On peut ajouter que, grâce à un contrôle plus efficace, les recettes des divers marchés ont une tendance à s'accroître. Il est donc permis d'espérer, si l'on se base sur les résultats des deux derniers exercices, qu'avec une administration prudente et économe, le découvert de 145,000 fr. qui subsiste aujourd'hui pourra être éteint dans l'espace de trois ou quatre années, sans qu'il soit besoin de recourir à l'emprunt ou à l'impôt.

Une somme de 40,000 fr. a été inscrite, à cet effet, au budget primitif de 1898, qui se balance, néanmoins, par un léger excédent de recettes, et les budgets suivants devront également comprendre un crédit analogue jusqu'à ce que la situation financière soit redevenue normale. Il est hors de doute que la solution à laquelle la municipalité s'est arrêtée, de concert avec la Préfecture, n'est, en réalité, qu'une prolongation du délai accordé pour le remboursement des prélèvements faits sur

---

(1) Les dépenses faites jusqu'à ce jour au-delà des 795,900 fr. de ressources atteignent 12,918 fr. 46. Le surplus est à payer.

(2) La charge des intérêts et de l'amortissement de la partie de l'emprunt affectée à la construction des groupes scolaires correspond à peu près à l'économie réalisée, mais cette charge grevait déjà le budget de 1895, exécuté par la municipalité Casanova, et elle n'a pas augmenté aux budgets suivants, qui ont, au contraire, bénéficié dans une mesure de plus en plus large des diminutions de loyers et indemnités.

les fonds spéciaux et qu'elle ne serait qu'une aggravation du mal, si les budgets de 1898 et des années suivantes ne se soldaient pas par des excédents de recettes.

Mais, ainsi qu'il est dit plus haut, l'avenir, sans apparaître très brillant, est tel, que des plus-values peuvent être espérées ; si elles ne se produisaient pas, la municipalité devrait, le plus tôt possible, recourir à un emprunt de régularisation.

Quant au déficit de 121,194 fr. 77 sur le Collège de jeunes filles, il ne peut être couvert que par un emprunt, dont la réalisation ne saurait être retardée, maintenant que le décompte général des travaux est arrêté. Cet emprunt permettra de rembourser le prélèvement opéré sur ce'ui de 5,500,000 francs et d'acquitter les dépenses qui restent à régler. La ville de Constantine obtiendra, sans doute, le concours de l'État pour le remboursement de la moitié des annuités ; elle pourra solliciter aussi une subvention du Département, qui avait déjà pris à sa charge le quart de la dépense prévue aux devis primitifs.

J'ai joint à mon rapport un long exposé de sa gestion, présenté par M. Casanova, ancien maire de Constantine, à la demande de qui l'enquête de l'Inspection générale des Finances a été ordonnée. Je ne saurais le suivre sur le terrain politique où il s'est placé, examiner si M. Mercier a eu, oui ou non, raison de discuter dans un journal local la mauvaise situation financière qu'il reprochait à son prédécesseur d'avoir créée, ni rechercher si M. Casanova n'a pas outrepassé son droit de réponse. En restant sur le terrain exclusivement financier, j'ai, toutefois, quelques observations à présenter :

1° J'ignore quelle était la situation financière de la ville au moment où M. Casanova a pris la mairie en 1888, n'ayant fait remonter mes investigations qu'à l'année 1890, c'est-à-dire à huit ans en arrière, mais non au-delà. Ce que j'ai établi, c'est qu'à la fin de l'exercice 1891, un excédent de recettes de 205,000 fr. appartenait à la Commune et qu'à la clôture de

l'exercice 1895, la municipalité Casanova laissait, au contraire, un découvert de 340,000 fr. ;

2° Je ne puis davantage discuter à nouveau le chiffre de ce
découvert, dont il y a lieu de déduire, pour connaître exacte-
ment la dette communale, et ainsi que je l'ai déjà fait remarquer, la part que l'État prendra très vraisemblablement à sa
charge dans la dépense supplémentaire du Collège de jeunes
filles, 60,000 fr. environ, et peut-être aussi, mais sans que la
Ville y doive beaucoup compter, celle du Département, soit
30,000 fr. Cette réserve faite, les explications de M. Casanova
ne peuvent être admises, ni en ce qui concerne les prélèvements sur les fonds spéciaux, au sujet desquels une confusion
s'établit dans son esprit entre des situations de caisse et des situations financières, ni en ce qui concerne les frais d'hospitalisation, ni, enfin, en ce qui concerne le Concours agricole, dont
les recettes ont bien balancé les dépenses à 2 ou 3,000 francs
près, mais à la condition de comprendre dans ces recettes une
somme de 45,000 fr. versée par la Commune ;

3° Faut-il, en regard du passif laissé par la municipalité
Casanova, mettre l'actif indiqué par l'ancien maire, soit, en
prenant le chiffre qu'il cite, 1,042,000 fr. ? Non, en aucune
façon. Ce chiffre de 1,042,000 fr. n'est, d'une part, que celui
d'une situation de caisse, à une date quelconque de 1896, situation qui devait se modifier de jour en jour. D'autre part, il
représente exclusivement des fonds d'emprunt, non encore uti-
lisés, mais déjà engagés en partie. Tous ces fonds ne devaient
pas être ultérieurement dépensés, c'est exact, mais ils avaient
une affectation spéciale, dont ils ne pouvaient être détournés,
sinon par une loi, et la municipalité nouvelle n'avait pas le
droit d'en disposer pour parer au découvert qu'elle trouvait à
son entrée en fonctions. On pourrait même soutenir, avec quelques apparences de raison, que la municipalité Casanova, en
contractant en 1894 un emprunt d'un chiffre plus élevé que
celui qui était nécessaire pour faire la conversion de l'ancienne
dette et exécuter les divers travaux prévus, a grevé la Ville

d'annuités trop lourdes et accru ainsi le déficit. Elle a, il est vrai, créé par là même une situation dont la municipalité nouvelle a bénéficié moralement, puisque celle-ci a trouvé dans les fonds disponibles de l'emprunt de 1894, et sans être obligée de recourir de nouveau au crédit, ce qui eût pu être d'un fâcheux effet, une partie des sommes qui lui sont nécessaires pour une nouvelle entreprise : celle du décapement du Coudiat-Aty. Une somme de 800,000 fr. vient, à cet effet, d'être désaffectée par une loi sur les fonds sans emploi de l'emprunt de 5,500,000 fr. ;

4° Au sujet de cette grosse affaire du Coudiat-Aty, qui, depuis de longues années, trouble la ville de Constantine et qui a failli, à plusieurs reprises, lui causer un préjudice pécuniaire considérable, M. Casanova écrit que le nouveau traité qui vient d'être passé avec la Société civile Chartron, Vial & Cie n'est autre que le projet présenté par lui-même et rejeté par l'Autorité supérieure, avec cette aggravation qu'il doit coûter à la Ville, 1,175,000 fr., au lieu de 875,000 fr., soit 300,000 fr. en plus.

Je n'ai pas la compétence nécessaire pour me rendre compte si le second traité n'est, à peu de chose près, que la reproduction du projet présenté par M. Casanova.

Ce que je puis faire ressortir, c'est que les budgets sont actuellement grevés d'annuités de remboursement d'emprunts dépassant 315,000 fr., que ces annuités ne seront réduites qu'à partir de 1916, qu'un emprunt complémentaire s'impose pour les dépassements du Collège de jeunes filles, que les recettes ne paraissent pas avoir, dans une ville dont le développement futur est plus qu'incertain, une élasticité suffisante pour faire face à des dépenses croissantes, et que si d'autres travaux viennent à être entrepris ou si les finances municipales ne sont pas administrées avec une prudence assez éclairée, l'ère des déficits s'ouvrira de nouveau ou l'établissement de nouvelles taxes s'imposera.

Il n'a pas été fait de rapport spécial sur le Service de la Recette municipale qui a paru bien assuré.

28 février 1898.

L'Inspecteur des Finances,

Signé : RENAUDIN.

Vu :

L'Inspecteur Général des Finances,

Signé : (ILLISIBLE).

Pour copie conforme :

Pour le Préfet :

Le Conseiller délégué,

Signé : DOR.

Après être entré dans quelques explications, M. le Maire communique au Conseil la réponse qu'il a préparée au rapport dont il vient d'être donné lecture et qui est ainsi conçue :

MESSIEURS,

Je viens d'avoir l'honneur de vous communiquer le rapport de M. l'Inspecteur des Finances qui a vérifié, en février dernier, la gestion de M. Casanova depuis 1891 et la mienne jusqu'au 20 février dernier.

Les constatations faites par ce haut fonctionnaire confirment pleinement la situation que j'ai eu l'honneur de vous soumettre, le 4 août 1897, et si nous ne sommes pas absolument d'accord sur certains chiffres, je vais vous en expliquer les raisons.

D'après M. l'Inspecteur, le déficit, à la clôture de l'exercice 1895 (le 31 mars 1896), était de.................................... 130.564 25

A quoi il faut ajouter :

1° Dépenses payées par la nouvelle municipalité pour le Concours agricole, engagées par la précédente, sans prévision de crédit.................................... 47.609 26

2° Frais d'hospitalisation en retard sur les exercices antérieurs 56.536 90

Total............. 234.710 41

Je ne donne que 233,206 fr. 55, chiffre net.

A Reporter........ 234.170 41

Report. 234.710 41

A quoi il faut ajouter la somme restant à payer pour la dépense du Collège de jeunes filles. 121.194 77

Au lieu de 170,000 fr. que je porte, en ne tenant pas compte du boni de l'adjudication, qui ne peut être désaffecté que dans l'opération de l'emprunt.

Total. 355.905 18

En déduisant de cette somme un recouvrement à opérer sur les exercices antérieurs, mais qui n'a pas encore pu être effectué, M. l'Inspecteur fixe le déficit laissé par l'ancienne municipalité à 340,432 fr. 76. La différence avec mon chiffre actuel, qui est de 403,206 fr. 55, est constituée par le boni résultant du rabais de l'adjudication de la construction du Collège de jeunes filles et que je ne pouvais faire entrer en ligne de compte.

Nous sommes donc absolument d'accord.

Une autre différence existe sur les chiffres de notre situation actuelle, mais M. l'Inspecteur explique lui-même qu'il n'a pu arrêter d'une manière précise les résultats de l'exercice 1897, puisqu'il n'a été clos que le 31 mars dernier.

C'est sous toutes réserves qu'il estime qu'au 20 février, le découvert se trouve réduit à 145,000 fr. environ et le montant des sommes éteintes par nous à 74,000 fr.

S'il vérifiait actuellement la situation, il reconnaîtrait avec nous, ainsi que cela résulte de mon compte administratif de 1897, conforme au compte de gestion du Receveur, que les sommes payées sur le déficit, au 31 mars dernier, s'élèvent à 115,363 fr. 41, et qu'en conséquence, nous ne redevions, au 31 mars, que 117,843 fr. 14.

En présence de ces faits, M. l'Inspecteur conclut que nous sommes dans une bonne voie, que nos propositions sont logiques et doivent être acceptées et qu'en continuant à agir avec prudence, nous liquiderons la situation dans trois ou quatre ans.

En transmettant ce rapport à M. le Préfet, M. le Gouverneur Général en résume les traits principaux ; puis, examinant la proposition d'emprunt complémentaire, il cite le passage suivant de la dépêche que lui a adressée M. le Ministre de l'Intérieur, à ce sujet :

« Les efforts très louables faits par la municipalité ac-
« tuelle en vue de rétablir l'ordre et l'équilibre financier ren-
« dront d'ailleurs facile, je me plais à l'espérer, la tâche de
« l'Autorité supérieure. En persévérant dans la voie des éco-
« nomies..., la municipalité peut parvenir, dans trois ou qua-
« tre années, à rétablir la situation satisfaisante de jadis... »

Il ajoute qu'il voudra bien appuyer la proposition d'emprunt avec participation de l'État.

Nous ne saurions trop remercier M. le Ministre de ses bonnes dispositions qui nous permettront de rentrer, de ce chef, dans une somme de 58,228 fr. 05 qui sera appliquée à réduire d'autant notre déficit.

Or, voici quelle sera notre situation à la fin de cette année :

Notre découvert au 31 mars 1898, non compris le dépassement du Collège de jeunes filles, est de.............................. 117.843 14

La conclusion de l'emprunt complémentaire pour le Collège de jeunes filles nous permettra de rentrer dans la somme avancée par nous à

____

A Reporter...   117.843 14

Report....		117.843 14
ce titre, soit..............	58.228 06	
Nous encaisserons le sol-de de la subvention de l'État, comptée par M. l'Inspecteur comme ayant déjà été tou-chée, soit	16.000 »	
Enfin, nous applique-rons à l'extinction du déficit la somme de 40,000 francs prévue au budget ordinaire de 1898, soit............	40.000 »	
Total............	114.228 06	114.228 06
Le déficit sera réduit à......		3.625 08

Nos excédents de recettes réalisées étant déjà supérieurs à cette somme, il n'est donc pas douteux qu'à la fin de l'exercice courant, notre découvert se trouvera entièrement éteint.

M. le Ministre et M. l'Inspecteur des Finances espéraient que, dans trois ou quatre ans, la Commune aurait soldé son découvert, et, en réalité, nous serons arrivés à ce résultat en moins d'une année.

L'exercice 1899 s'ouvrira sur une situation financière normale et la Commune disposera de toutes ses ressources.

Rien ne peut mieux démontrer la force et l'élasticité des ressources budgétaires de la Commune que le résultat obtenu par la nouvelle municipalité en deux ans, puisqu'elle a pu traverser une crise aussi grave que celle qu'elle a trouvée à son début et éteindre un déficit de plus de 400,000 francs en contractant un emprunt prévu de 121,000 francs *et en soldant le surplus sur ses ressources ordinaires.*

Cela m'amène à répondre au seul reproche qui me soit adressé par M. l'Inspecteur des Finances et que je reconnais fondé en principe :

Je n'aurais pas dû continuer le système des prélèvements sur les fonds d'emprunt pratiqué par mes prédécesseurs ; cela est incontestable. Mais ces prélèvements avaient eu lieu au moyen de simples opérations de caisse, dont aucune trace n'existait dans les budgets, et je ne m'en suis rendu compte qu'après la vérification du Service des Contributions, alors que j'avais repris la direction des affaires depuis six mois.

Pouvais-je alors suspendre la marche des affaires communales et chercher à contracter un emprunt inutile, dans des conditions fâcheuses ?

Ce découvert avait été toléré au profit de mon prédécesseur, et si j'ai d'abord réclamé contre le traitement différent qui m'était appliqué, c'est que je m'étais rendu un compte exact de la situation et que j'étais certain de pouvoir en sortir sans difficultés et promptement.

Le résultat que j'ai obtenu l'a bien prouvé, puisque tout sera rentré dans l'ordre au cours du présent exercice et qu'en procédant autrement, par respect pour le principe, on aurait considérablement aggravé les difficultés.

Or, je le répète, les prélèvements existaient et avaient été tolérés durant la gestion de mon prédécesseur ; je n'aurais jamais procédé comme lui, mais je me trouvais en présence d'un fait que je ne pouvais supprimer et je demandais la même tolérance pour me laisser le temps de remettre les choses en ordre.

Si donc M. l'Inspecteur a raison en principe, ses justes reproches ne peuvent retomber sur moi qu'indirectement.

Il restera de tout cela une leçon qui ne devra pas être perdue pour les municipalités présente et futures de Constantine.

Mᵉ Grasset demande alors la parole et s'exprime en ces termes :

MESSIEURS,

Des deux documents dont il vient de vous être donné lecture, rapport de M. l'Inspecteur des finances et réponse de M. le Maire, il ressort tout à la fois une consolation et un encoura-gement.

Dans son travail très impartial, M. l'Inspecteur établit d'une façon saisissante la situation financière de la Commune, au lendemain des élections du 3 mai 1896.

340,000 francs de déficit !

C'est dans ces conditions que nous avons pris la garde, la gestion et la défense des intérêts de notre chère cité.

Alors que des critiques acerbes, et il faut le dire, de mau-vaise foi, nous étaient journellement adressées par des journaux malveillants, nous avons travaillé dans le calme avec persévé-rance et modestement à rétablir l'ordre où nous avions trouvé le désordre ; — sans récriminations contre une situation qui nous était léguée par nos prédécesseurs et que nous ne pouvions répudier sans mettre en péril le crédit de la Ville.

Grâce au labeur incessant et à l'intelligent. activité du chef de la municipalité, aidé dans sa tâche par ses collaborateurs immédiats, nous avons pu remédier à cette déplorable situation et rendre à notre budget son élasticité première et son équilibre normal.

Dans quelques mois le déficit aura disparu et la commune de Constantine pourra user, sans arriéré à combler, de la totalité de ses ressources.

Est-ce à dire, Messieurs, que pour parer, à un danger qui menaçait le crédit et la vie même de cette cité, nous avons abandonné l'exécution des grands travaux inscrits à notre programme? Non certes !

L'affaire du Coudiat est menée à bonne fin et c'est avec une véritable joie que nous venons d'apprendre de M. le Maire que la date officielle de la reprise des travaux, c'est-à-dire du délai imparti aux entrepreneurs, est fixée au 15 du présent mois !

J'ai dit que la constatation de ces efforts de notre municipalité par la voix autorisée de M. l'Inspecteur des finances, était une consolation.

En effet, Messieurs, qu'importent désormais ces critiques, ces calomnies, adressées au Conseil municipal et à son vénéré Président !

Les résultats répondent pour nous, de notre dévouement aux choses de la Ville et nos concitoyens ne s'y sont point trompés, puisque dans les différents scrutins qui se sont succédés depuis le 3 mai 1896, ils nous ont chaque fois amplement récompensés de tous nos efforts en approuvant notre conduite par leur bulletin de vote. Merci à eux !

C'est aussi un encouragement.

Quel est donc l'avenir de ce pays, si après deux années d'une gestion honnête et vigilante, il est possible, alors que les affaires sont stagnantes, les récoltes nulles ou insuffisantes, de rétablir l'équilibre dans nos finances, équilibre troublé par un déficit de 340,000 francs ?

Ah ! c'est avec raison que M. Mercier nous le disait tout à l'heure, avec de l'ordre, de la probité et de la vigilance, non seulement nous avons remédié au mal légué par un passé dont nous ne sommes pas responsables, mais encore nous avons créé un avenir prospère. C'est là, Messieurs, un encouragement à persévérer dans cette voie d'ordre et de sage économie poursuivie sans relâche par notre premier magistrat municipal.

Il serait banal de lui adresser nos remerciements. Je ne puis que lui répéter, en votre nom, qu'il possède toute notre confiance et que nous lui exprimons toute notre reconnaissance.

La situation que vient de dénouer le rapport si précis de M. l'Inspecteur des Finances est unique dans nos annales constantinoises. En 1891, l'ancienne municipalité soldait son exercice clos avec un excédent de 205,000 francs.

En 1896, elle nous lègue en héritage un déficit de 340,000 francs. Voilà, en deux mots, le résumé du rapport de M. l'Inspecteur des Finances.

Ah ! si nous supportons le poids d'une pareille situation, il faut tout au moins que le public, que nos concitoyens le sachent.

C'est de l'histoire. C'est l'histoire financière de la Commune pendant les huit années qui viennent de s'écouler, qui est écrite dans le rapport de M. l'Inspecteur des Finances.

Nous ne sommes point éternels, d'autres viendront après nous, pour qui les enseignements du passé ne doivent pas être perdus.

A chacun la responsabilité de ses actes. Je dis mieux encore :

C'est le droit de nos concitoyens de tout savoir. Notre administration n'a rien d'occulte. Nous ne sommes que les mandataires du Peuple et le Peuple a le droit de contrôler ses mandataires.

Je vous demande donc, Messieurs, de voter l'impression du rapport de M. l'Inspecteur des Finances, de la réponse de M. le Maire, et aussi, — ceci est de toute justice, — la lettre par laquelle le prédécesseur de M. Mercier a provoqué l'examen de sa gestion pendant son passage à la Mairie.

Que l'on ne se méprenne pas sur ma pensée : je hais les représailles, mais j'aime la justice.

Si des critiques sont adressées aux municipalités qui son nos devancières, elles n'émanent pas de nous, mais de l'Autorité invoquée par celui-là même qui entendait que cette Autorité fît lumière et justice.

Le Conseil adoptant les propositions qui lui sont présentées, vote l'impression des documents dont il vient d'être donné lecture, ainsi que du discours prononcé par M. Grasset.

Constantine. — Imprimerie Typo-Litho L. POULET, 6, Rue Sra 9

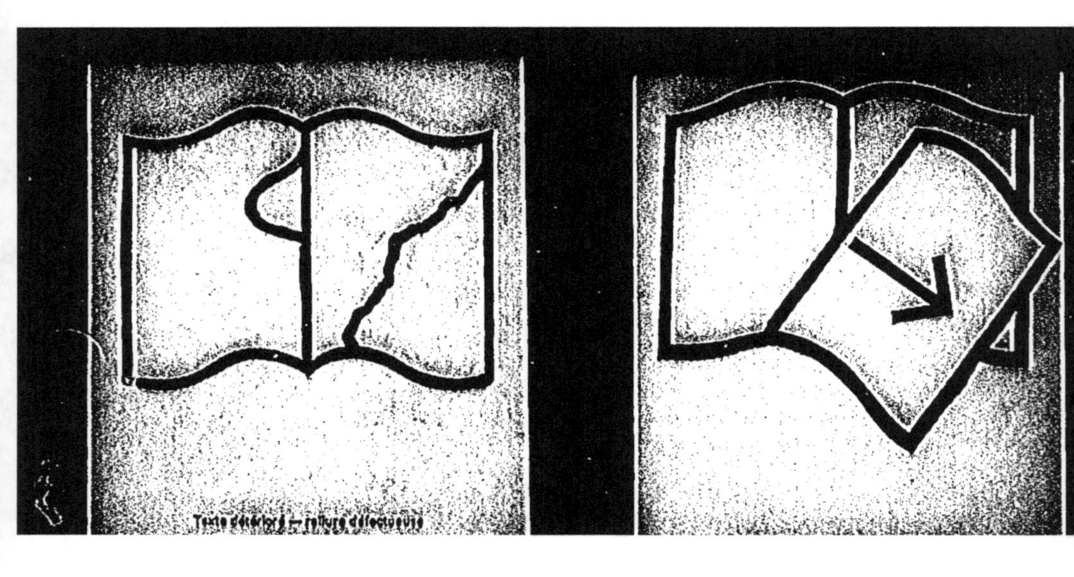

Texte détérioré — reliure défectueuse